Entretenidos acertijos mentales

novedosos pasatiempos

Entretenidos acertijos mentales

novedosos pasatiempos

**colección
Acertijos**

editores mexicanos unidos s.a.

D. R. © Editores Mexicanos Unidos, S. A.
Luis González Obregón 5-B, Col. Centro,
Cuauhtémoc, 06020, D. F.
Tels. 55 21 88 70 al 74
Fax: 55 12 85 16

editmusa@prodigy.net.mx

www.editmusa.com.mx

Miembro de la Cámara Nacional
de la Industria Editorial. Reg. Núm. 115.

1a edición: Marzo 2003
3a reimpresión: Febrero 2008

ISBN 978-968-15-1454-9

Impreso en México
Printed in Mexico

Dedicado a mi esposa,

hijos y padres

INTRODUCCIÓN

Los acertijos y juegos de palabras se pueden encontrar prácticamente en todas las culturas.

Los acertijos están considerados como los primeros rompecabezas (cuestiones que son muy difíciles de resolver) y fueron tomados muy en serio en tiempos bíblicos. Sansón los debe solucionar por cuestiones de vida o muerte. En la mitología griega tenemos ejemplos claros de los acertijos. Por ahí se menciona que Homero murió por no poder resolver uno. También tenemos en la antigüedad el famoso enigma de la Esfinge.

Las charadas se resuelven descifrando una serie de claves que son las sílabas de la respuesta, lo que las asemeja a las adivinanzas.

Muchas de estas últimas están basadas en **juegos de palabras**. "*Agua* pasa por mi casa, *cate* de mi corazón" (el aguacate).

En las obras de Cervantes, de Quevedo y de Lope de Vega se encuentran muchas adivinanzas.

Los jeroglíficos son aquellos enigmas que combinan palabras, símbolos y dibujos. Se han hallado en cartas efesias del siglo VI a.C. En Egipto hay muchos.

Los anagramas consisten en reordenar las letras o sílabas de una palabra o frase para formar otra, y se le atribuye la paternidad al filósofo griego Licofrón.

Los acrósticos se forman tomando la primera letra de cada verso o grupo de vocablos para formar una palabra. Los primeros cristianos usaron un pez como símbolo, pues el nombre de este animal en griego era un acróstico de Jesús, Cristo, Dios, Hijo, Salvador.

El crucigrama lo inventó Arthur Wynne y se publicó por primera vez el 21 de diciembre de 1913.

En el siglo XIX, Currier e Ives imprimieron muchos rompecabezas con personas, animales u objetos escondidos.

Los editores

¡SALUDOS!

Estás por internarte en un mundo mágico, maravilloso, que te transportará a los más recónditos rincones de tu mente.

Los acertijos que a continuación se presentan están pensados para que cualquier persona los pueda resolver; sin embargo, este libro está diseñado especialmente para aquellos jóvenes que estén terminando la primaria o iniciando el ciclo de secundaria.

Los acertijos, creo yo, comienzan a existir desde que el hombre tiene la capacidad de hacerse preguntas sobre su entorno y sobre él mismo. En los jeroglíficos antiguos se han encontrado algunas preguntas muy enigmáticas.

Un acertijo es, por tanto, un crucigrama, una pregunta capciosa, juegos con letras o una adivinanza.

Esperamos que esta recopilación sea de tu agrado y llene tus expectativas.

Atentamente

Javier Rosas

Acertijos

1. LOS CARRITOS

Pedro compró carritos a $8.00 y los vendió a $12.00. ¿Cuánto es su porcentaje de ganancia?

2. MULTIPLICA POR 9

Pídele a una persona que escriba un número cualquiera, de no más de 6 cifras, luego que lo multiplique por 9; pídele después que tache un número que no sea cero y que te diga la suma de los números restantes. Si la persona en cuestión te dio como resultado de su suma el número 20, dinos: ¿cuál fue el número que tachó?

3. LOS PASTELES

Si un pastel y medio cuesta $150.00, ¿cuánto valdrán 3 pasteles y medio?

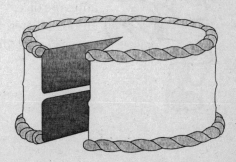

4. MI ABUELITA DECÍA

En mi preciosa infancia, mi abuelita me decía (ella usaba ya un bastón labrado en latón):

"Dime, nieto mío, tú que vas a la escuela, ¿cuál de los animales en su tierna infancia en cuatro patas anda, después camina en dos pies y al anochecer de su vida en tres?"

5. ¿LOS TRAGONES?

Si 10 personas comen 10 pasteles en 10 días, ¿cuántas personas se comerán un pastel en un día?

6. MI MAMÁ PREGUNTA

Mi mamá me manda al mercado, pero antes me dice: "Tengo en la mano $550.00 en dos billetes, y si uno no es de $50.00, ¿me puedes decir de cuánto es cada billete?"

7. EL VIAJE

Imagina un viaje a un pueblo que se localiza a 90 km de donde tú estás. Vas a una velocidad de 45 km/h y regresas a 90 km/h.

Di: ¿cuál es el promedio de la velocidad del viaje redondo? Recuerda: el promedio de la velocidad lo puedes encontrar dividiendo la distancia total recorrida entre el tiempo total empleado.

8. DE PALILLOS

En el siguiente cuadro se colocaron 24 palillos, quita 4 y deben quedar 6 cuadrados, 5 de ellos iguales.

9. LOS PARIENTES

Una pregunta te quiero hacer, a ver si la puedes contestar: en una habitación hay dos papás, dos hijos y un abuelito; sin embargo, sólo hay tres personas. Di por qué.

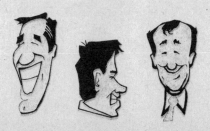

10. LA HABITACIÓN

Llegaron a un hotel tres compadres. Como no estaba el dependiente, el botones les dijo que parecía que el cuarto costaba $30.00. Los compadres le dejaron la cantidad poniendo $10.00 cada uno. Cuando llegó el encargado, le dijo al botones que el cuarto costaba $25.00 y que les devolviera $5.00. El botones, para que no se pelearan, le devolvió $1.00 a cada uno y se quedó con $2.00. Por tanto, cada uno dio $9.00, y, si eran tres, entonces pagaron $27.00, y más dos pesos con los que se quedó el botones, son $29.00. ¿Puedes decir en dónde quedó el otro peso?

11. EL DEPORTE

A un centro deportivo Julia llevó 5 kilos de sandía, Martina 3 kilos de melón y Dulce dio $8.00. ¿Cuánto debe dar cada una para que paguen lo mismo y cuánto cuesta cada kilo de lo comprado si se considera que cuesta lo mismo el kilo de sandía que el de melón?

12. EL TREN

Si un tren viaja a 1 km por hora y debe atravesar un puente de un km de longitud, ¿cuánto tardará en entrar y salir totalmente?

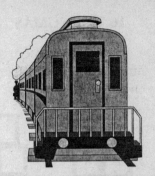

13. UN CUADRO DE OPERACIONES

Utiliza los números del 1 al 9 para realizar las operaciones, indicadas de suerte que éstas sean correctas.

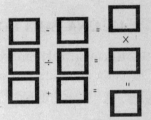

14. LAS PERAS

Un vendedor ambulante se propuso vender una cesta de 115 peras a $10.00 cada montón de 5 peras. Ya en la venta cambió de opinión e hizo un montón con las 58 peras más grandes y otro con las 57 peras más chicas. Las grandes las vendió a $5.00 cada montón de 2 peras, las pequeñas a $5.00 cada montón de 3 peras.

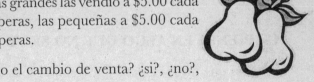

¿Le convino el cambio de venta? ¿si?, ¿no?, ¿por que?

15. LAS COMPRAS

Perla quiere comprar un disco de música que cuesta $50.00, pero se entera de que en la tienda de discos hay un descuento del 20%. ¿Cuánto deberá pagar por el disco?

16. LAS SUMAS

Coloca los números del 1 al 9, de suerte que la suma de dos números que aparezcan abajo sea el número de arriba, como en el ejemplo.

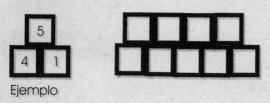

Ejemplo

17. UNA PARA PONERSE A PENSAR

Encuentra el nombre de las figuras y utiliza la primera sílaba de cada una para responder al siguiente acertijo: No se puede mover aunque tenga 4 patas. Es la:

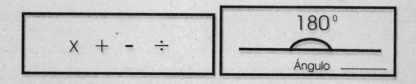

18. PIENSA EN ALGO QUE NO SE VE

¿Qué es que no se ve pero que siempre tocas? El... (en este caso utiliza las primeras letras de cada dibujo).

Inicial

19. ALGO OSCURO

Por donde quiera que vas yo te sigo, paso por el fuego y no me quemo, paso por el agua y no me mojo, y sin la luz me escondo. Soy la... _____

Resuélvelo utilizando las 3 primeras letras de cada dibujo.

20. DE ANIMALES

Hablo como muchos hombres y verde como el campo soy. El... _____

Emplea las dos primeras letras de la primera figura y dos de la segunda (no necesariamente las primeras).

21. LOS RATONES

En un cuarto cuadrado había un ratón en cada esquina y frente a cada uno de éstos, tres ratones lo veían, y sobre la cola de cada ratón, un ratón también había. ¿Cuántos ratones sentados en total el cuarto tenía?

22. GRANDES PELOS

Completa el refrán tomando las 2 primeras letras de los nombres de las dos figuras y la última palabra completa que aparece al final.

A grandes males, grandes... _____

DIOS

23. COSA DE BELLEZA

El poder y la riqueza a la _____ hermosean. Utiliza la primera letra del nombre de cada figura.

_____   _____   _____

24. EN EL BOSQUE

Cuando Pedro llega al puente mágico del bosque donde vive, le quitan $2.00, pero al llegar al otro lado le duplican lo que le queda. Si va a la escuela y regresa y empieza con $8.00, ¿con cuánto vuelve a su casa?

25. LA GELATINA

Se mandó hacer una gelatina de la siguiente forma:

¿Cómo partirla en ocho partes iguales para ocho invitados, haciendo sólo tres cortes?

26. EL PARENTESCO

En una esquina del centro se encuentran Luis y Juan. Juan le dice a Luis: "Tu papá es el hijo de mi padre", y Luis le contesta: "Cierto, pero tú no tienes hermanos".

¿Qué parentesco guardan Luis y Juan?

27. LA REPARTICIÓN

Un señor que posee 17 hectáreas de terreno se las quiere repartir a sus hijos, cuando muera, de la siguiente manera: 1/2 para el más pequeño, 1/3 para el mediano y 1/9 para el más grande. La condición es que les toquen hectáreas enteras. Si no encuentran la solución, el terreno será donado a la beneficencia pública. ¿Les puedes ayudar?

28. LAS PASTILLAS DE MENTA

Un amigo me dio un frasquito con 7 pastillas para aquello del mal aliento; me dijo que me tomara una cada media hora. ¿Cuánto tiempo me duraron?

29. EL SEIS

Fíjate bien y di cuántas veces aparece el guarismo 6 entre el 1 y el 100.

6 6 6 6 6 6 6 6

No creas que es la respuesta.

30. LAS EDADES

En una escuela están tres amigos con las siguientes características:

Pedro le lleva 9 años a Juan, y Arnulfo es 3 años menor que Pedro.

¿Cuántos años le lleva Arnulfo a Juan?

31. LA FIESTA

En una fiesta se reunieron 3 futbolistas con sus esposas, 5 beisbolistas con sus esposas y 4 niños con cada una de las familias de los beisbolistas. ¿Cuántas personas llegaron a la fiesta?

32. EL COMPROMISO

¿Es correcto que una persona en una gran fiesta anuncie su compromiso con la hermana de su viuda? Pon mucha atención y contesta sin vacilación.

33. MUCHO CUIDADO CON LA RESPUESTA

Algunos meses tienen 31 días. ¿Cuántos tienen 28?

34. LAS MANZANAS

En casa se acostumbra que mamá ponga un plato de fruta en medio de la mesa para que el consumo de fruta, que es muy sano, se lleve a cabo.

El martes había tres manzanas.

Si hay 3 manzanas y tomas 2, ¿cuántas tienes?

35. LAS VACAS

Fíjate bien para que no te equivoques.

Una persona del campo tiene 27 vacas. Todas se mueren, menos 15. ¿Cuántas quedan?

36. EN EL CORREO

Las estampillas en el correo cuestan $2.00. Si compras una docena, ¿cuántas estampillas de $2.00 tienes?

37. LOS NÚMEROS

Entre la gran variedad de preguntas con números existe esta que es particularmente interesante:

Dime tres cifras diferentes que sumadas y multiplicadas den el mismo resultado.

38. QUÉ ES LO QUE AYUDA A QUITAR

Si te equivocas, me prestas, hago invisibles dibujos, números y letras. ¿Quién soy?

Contesta la adivinanza resolviendo el siguiente jeroglífico (utiliza las dos primeras letras del nombre de cada dibujo).

39. NO TE ASUSTES

¡Oh qué frescura, agua tan sabrosa, carne blanca y cáscara oscura! ¿Qué es?

Resuelve empleando la primera letra de cada dibujo.

_____ _____ _____ _____

40. MARGARITA

Margarita tiene una fiesta y lleva un regalo sorpresa que se encuentra en la caja que ella envolvió. La característica de la caja es la siguiente: tiene en su interior 4 cajas medianas y dentro de éstas 5 chicas en cada una. Fíjate bien y di cuántas cajas son en total.

41. CUÁNTO DINERO

José tuvo que pagar $800.00 que debía y después de duplicar su dinero y pagar le quedaron $1,000.00. ¿Cuánto dinero tenía José antes de que lo duplicara?

42. EL TIEMPO

Juan José tiene un reloj que quiere vender porque se adelanta 12 minutos al día. ¿Cuánto se adelantará en media hora?

43. UNO DE NÚMEROS

Di qué número es menor que 50 y al triplicarlo es la mitad de 180 _____

Dinos qué número es menor que el que encontraste y que al duplicarlo es 50 _____

¿15... 96... 235... 5...?

44. DE PARIENTES

Mi familia se compone de mis abuelos (todos), 8 hermanos y mis padres.

¿De cuántas personas se compone mi familia?

45. DE DINERO

Ignacio tiene $2,000.00 y Rodolfo $1,000.00. Si Ignacio gasta la mitad de lo que tiene Rodolfo, ¿cuánto tienen entre los dos al final?

46. ALGO QUE PICA

Seguro que hago llorar a aquellos que me prefieren, tengo un rabo fuerte y pico, sin ser alacrán. ¿Quién soy?

Resuelve el siguiente jeroglífico y obtén la respuesta a la adivinanza. Utiliza la primera letra del primer dibujo y las primeras dos letras de los otros dos.

_____   _____   _____

47. NO SEAS BURRO

Aunque en el zoológico no esté, yo encarcelada viviré, y aunque al burro me parezca, libre no quedaré. ¿Quién soy? Utiliza la primera sílaba del primer dibujo y la última del segundo.

48. MITADES

Observa la diferencia en las dos siguientes preguntas y responde de la manera más acertada posible.

¿Cuánto es la mitad de dos más dos?

¿Cuánto es la mitad de dos, más dos?

2 2 2 2 2 2 2 2 2 2 2 2 2

¢ ¿Cuánto es la mitad de una fracción, digamos de 1/3?

Los símbolos representan fracciones:

¿Cuál es la mitad de uno?

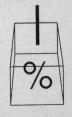

49. TERRENOS

Alfredo y Sergio discuten acerca de quién tiene más terreno. Ambos tienen un terreno circular. El de Alfredo mide 11 metros de radio y el de Sergio 22 metros de diámetro.

Sergio dice que su terreno es más grande. ¿Tiene razón?

50. LOS PARES

Anota los 8 primeros números pares en los siguientes cuadros, de suerte que no queden dos números pares consecutivos juntos ni en diagonal.

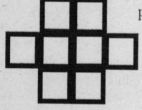

51. EL 25

Pon el número 25 de 4 maneras diferentes:

Utilizando una suma y una multiplicación. Empleando una resta y una división.

Usando una potencia y una división. Utilizando una multiplicación y una potencia.

No importan los números que emplees.

52. EL RELOJ

¿Recuerdas los números del reloj?

Utilízalos y suma de 2 en 2 sin repetirlos, de suerte que el resultado siempre sea el mismo; haz por lo menos 5 combinaciones. Recuerda: los números del reloj son 1, 2, 3, 4, 5, 6, 7, 8, 9, 10, 11, 12.

53. UN CIENTÍFICO

Se cuenta que cuando Newton estaba en la escuela primaria, la maestra le encargó sumar los 100 primeros números 1 por 1, o sea, $1 + 2 + 3 + 4 + \ldots + 100$.

Ve si puedes ayudarlo para encontrar el resultado pronto. Este acertijo es de alta complicación. Aparece para hacerte pensar un poco. Pregúntale a quien más confianza le tengas.

54. CUADROS DE OPERACIONES

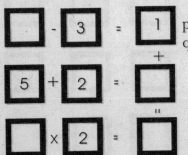

Con las operaciones indicadas pon los números que faltan. Nota que son de un solo dígito.

55. OTRO CUADRO

Termina las operaciones de este cuadro.

56. UN DICHO

Un dicho reza por ahí: El hombre es un animal racional que a todo se puede acostumbrar, menos a no dormir y a no…

Completa el dicho resolviendo el jeroglífico. Utiliza las dos primeras letras del primer dibujo y a la segunda palabra del otro dibujo quítale di.

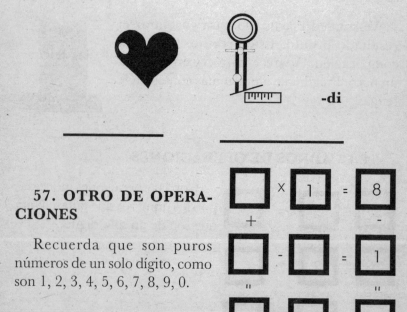

-di

57. OTRO DE OPERACIONES

Recuerda que son puros números de un solo dígito, como son 1, 2, 3, 4, 5, 6, 7, 8, 9, 0.

58. EL QUE QUEMA

Aquella noche de luna, después de la lumbre, con una pala brasas moveré y hablando poco después me dormiré.

Resuelve este acertijo y completa el refrán.

Al que bien entiende le bastan pocas...

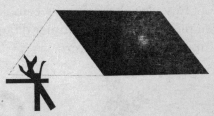

59. UN CUADRO MÁGICO

Utiliza los 9 primeros números nones: 1, 3, 5, 7, 9, 11, 13, 15, 17, de suerte que las sumas horizontales, verticales y diagonales den 27. No debes repetir ningún número.

60. DE JEROGLÍFICOS

Vence al elefante, vence al cocodrilo y todas las fieras caen a sus pies dormidas.

Resuelve el jeroglífico y completa la adivinanza empleando la primera sílaba del primer dibujo, la inicial del segundo y la última sílaba del tercero.

_____   _____   _____

61. DE PENSAR

¿Qué es que entre más larga es está más cerca de terminar? Ponte trucha, porque cuando vi daba más. Encuentra la respuesta en la palabra que escrita está.

Si no la encuentras, resuelve el jeroglífico y verás.

Utiliza la primera sílaba del primer dibujo y la última del segundo.

_____   _____

62. DE NAIPES

Si estoy en la carta de la izquierda, la suma de las otras dos es 4; si estoy en la carta de la derecha las otras dos suman 3. Yo soy diamantes, estoy en medio y a los costados tengo un corazón y los tréboles. ¿Cuánto vale cada carta y de qué figura es?

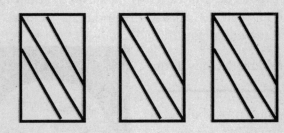

63. OTRO DE NAIPES

En una baraja española se tienen 4 palos con 40 cartas de oros, copas, bastos y espadas.

Si extraemos una carta al azar, ¿di cuál es la probabilidad de que sea de oros, sin importar el número?

64. LAS PELOTAS

Compré tres cajas de pelotas, una con verdes, otra de azules y otra más de azules y verdes, revueltas. Todas las cajas tienen la misma cantidad de pelotas y en la que hay de las dos la mitad son verdes y las demás azules.

El otro día llegué a la casa, no había luz y al entrar a mi cuarto choqué con las cajas y tiré todas las pelotas. En la oscuridad tomé una pelota.

¿Qué probabilidad hay de que sea roja? _____

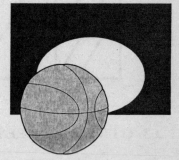

¿Cuál sería la probabilidad de que fuera una pelota verde?
_____

Si tirara las verdes y la caja que tiene los dos colores, ¿cuál sería la probabilidad de que recogiera una pelota azul? _____

65. DE TRIÁNGULOS

Observa el cuadro, pon mucha atención y di cuántos triángulos puedes ver, sin importar el tamaño, ni la posición.

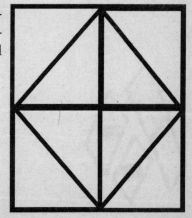

66. LOS CUADROS

Parte la siguiente T en cuatro figuras iguales, que no sean rectángulos.

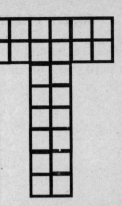

67. PUROS TRIÁNGULOS

Observa los triángulos, trázalos en una cartulina y después forma con ellos un rectángulo.

68. DE PERÍMETROS

Traza una figura que tenga la misma área que el cuadrado, pero con 4 unidades más de perímetro.

69. EL TESORO

El faraón Tukan Min Tio dejó muy bien enterrado su tesoro. Sigue las claves y descubre el lugar donde se encuentra:

a) Se encuentra al norte de H.

b) Cerca de la D.

c) Si entro por G no puedo llegar.

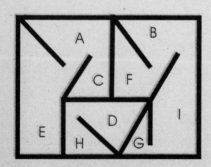

70. DE COMPRAS Y GANANCIAS

Tú, que eres muy buen vendedor, compraste un carro en $15,000.00 y lo vendiste en $16,000.00. Después, lo volviste a comprar en $17,000.00 y lo vendiste en $18,000.00

¿De cuánto fue tu ganancia?

71. ¿QUÉ SABES DE DIVISIBILIDAD?

Encuentra un número que sea divisible entre los primeros 5 números primos al mismo tiempo. Los primeros 5 números primos son 2, 3, 5, 7, 11.

72. OBSERVA Y ENCUENTRA

a) Ve los dibujos que se muestran y busca la figura idéntica en ambos. En estos casos es muy importante que estés muy concentrado.

b) Busca una diferencia entre las dos figuras; ésta es de regular tamaño.

73. PALABRAS

Con las siguientes letras forma 5 palabras diferentes. Hazlas cuando menos de 5 letras y escribe una obligada de 10 letras.

prrbdsooeea

74. ERRORES

Encuentra 5 errores en este dibujo; si hallas más, avísame.

75. EL CHARCO

Juan tiene una novia muy bonita. El domingo fueron al cine y de regreso se toparon con un charco. Juan lo pudo saltar pero su novia no. Él encontró 4 tablas rectangulares y las colocó de manera que su novia pudiera pasar sin que se hundiera. Ya que las tablas no atravesaban el ancho del charco, ¿puedes indicar cómo las colocó? (No es válido cortar.)

 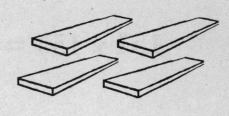

76. DIFERENCIAS

Encuentra cuando menos 5 diferencias entre los 2 dibujos. Mucha atención.

77. LOS PALÍNDROMOS O COPICÚAS

Los números copicúas son aquellos que se leen al derecho y al revés de la misma manera. Al elevar al cuadrado cualquiera de estos números, siempre da un cuadrado perfecto. Como 151, que al revés se lee igual, por lo que el cuadrado perfecto es $151^2 = 220\ 801$.

Encuentra un par de números que multiplicados entre sí den un cuadrado perfecto, sin que ellos sean iguales.

$$151 \times 151 = 22\ 801$$

78. SUMAS

En la historia de las matemáticas siempre se han dado los acertijos que relacionan las operaciones básicas con resultados sorprendentes. Uno de ellos es el siguiente:

Encuentra 6 números enteros cuya suma sea igual a su producto.

79. LAS SERIES

Las series matemáticas son por demás atractivas, pues es un reto real establecer el número siguiente en una de ellas. Éstas pueden ser de cualquier tipo; veamos algunas de figuras.

a)

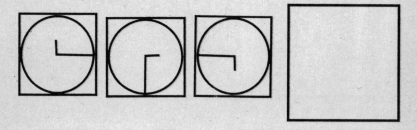

Encierra en un círculo la que no sigue.

b)

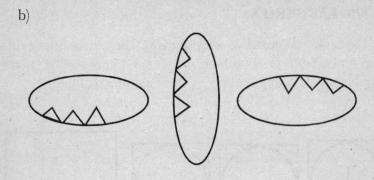

Encierra en un círculo la que sigue.

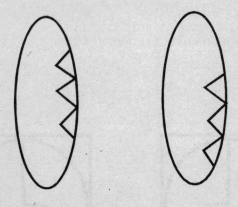

80. SERIES CON FICHAS DE DOMINÓ

Las series que a continuación se presentan involucran en su continuidad la suma. Encuentra la secuencia y di cuál es la ficha de dominó que sigue. Toma en cuenta que puede haber fichas que no correspondan a las tradicionales.

a) Da los números de la siguiente ficha.

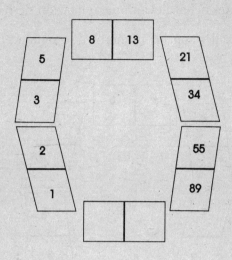

b) Determina los valores de la siguiente ficha.

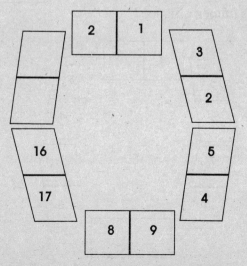

81. MÁS FICHAS

Las siguientes fichas llevan una aplicación de restas.

a) Indica cuáles son los números que siguen en la última ficha.

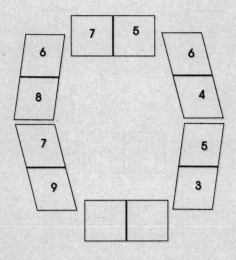

b) ¿Cuáles números siguen?

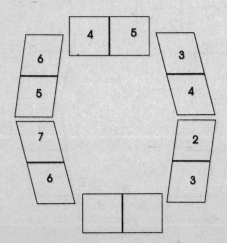

c) ¿Cuál es el siguiente?

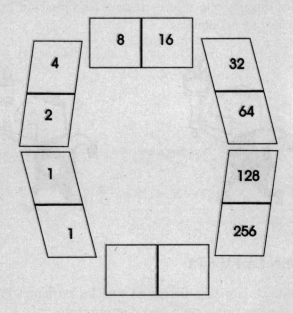

82. ENCUENTRA LOS ERRORES

Fíjate en la figura del golf y determina cuántos elementos hay que no tienen que ver con esta práctica.

83. DIFERENCIAS

En los dibujos que se presentan a continuación marca las diferencias que encuentres.

84. EN LA FIESTA

En una de aquellas fiestas en que los parientes llueven a granel, alguien preguntó a uno de mis primos:

a) ¿Entre los parientes, qué será de ti el padre del hijo del hermano de tu padre?

b) Otra persona preguntó a mi tío:

¿Qué es de ti la suegra de la esposa de tu hermano?

c) Alguien más dijo: Tu padre sólo tiene un hermano, ¿verdad? Y preguntó:

¿El tío del hermano de mi primo qué es mío?

d) La fiesta terminó y yo me dije:

Cuando fui a là escuela me encontré al esposo de la hermana de mi amigo que es el suegro de su hermano. ¿Qué tipo de pariente es mío?

85. DE COCHES

Yendo a Veracruz me crucé con otros 4 carros, con 6 personas cada uno y con 2 maletas por persona.

¿Cuántas personas y maletas viajan a Veracruz?

86. DE TRENES

Éste es uno de los acertijos más clásicos que existen.

Dos trenes viajan uno junto al otro, son eléctricos y llevan una velocidad de 70 km/h. Uno lo conduces tú.

Van del Distrito Federal a Puebla. Un señor con un puro asoma la cabeza para ver el paisaje.

Si un piloto se llama José Luis, ¿el del otro tren cómo se llama y hacia dónde viaja el humo?

87. DE MONSTRUOS

En el centro de la Tierra, dicen, vive un animal verde que se dedica a comer piedras.

¿Cuál es el nombre de este animal?

Recuérdalo muy bien.

88. DE ENTRADA Y SALIDA

Estoy en un centro comercial y a una de las tiendas he entrado 6 veces. Di con mucha seguridad cuántas veces he salido.

89. DE LA TIERRA

Si se abriera un hoyo de lado a lado de la Tierra y se dejara caer una piedra, ¿atravesaría hasta el otro lado? Argumenta tu respuesta, ya sea negativa o afirmativa.

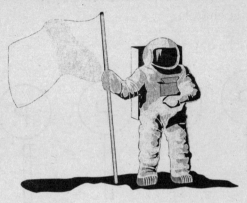

90. DE LA BIOLOGÍA

El doctor Memo Oria Fallón investiga la reproducción de ciertas bacterias y los resultados que ha obtenido son en verdad sorprendentes. Concluye que dichos bichos se reproducen duplicando su cantidad cada minuto que transcurre.

Empieza la comprobación y pone en un frasco 2 bacterias. A las 6:15 el frasco se encuentra a la mitad. ¿A qué hora el frasco se encontrará lleno?

91. DE PALETONES

Para mi fiesta de cumpleaños, mi madre compró 15 paletones y los puso en una charola. A la fiesta asisten 15 niños. Debe repartir una paleta a cada niño, pero debe quedar una paleta en la charola.

¿Qué debe hacer?

92. JEROGLÍFICOS

En la casa Luder, nombre que recibe un grupo estudiantil de la universidad, se practica mucho deporte. Ahí vemos cómo pasa Luder hijo en su bicicleta. ¿Qué obtendrán con tanto deporte?

Encuentra la respuesta empleando las dos primeras letras del primer dibujo, la primera sílaba del segundo y la primera letra del tercero.

_____   _____   _____

93. DE FUTBOL

Mi papá tiene un equipo de futbol llamado Cartago, que es una ciudad que peleó en las guerras púnicas contra Roma. Un día, estando jugando contra el Hortelanos, quedaron en el primer tiempo con 2 goles de diferencia ganando el Cartago; en el segundo tiempo cada equipo anotó 3 goles. Si el marcador final suma 12 goles, ¿cómo quedaron al finalizar el primer tiempo?

94. LAS HORAS

a) Si cuando un reloj marca las 16:15 se pusieran sus manecillas de modo que el minutero quedara en la posición del que marca las horas y viceversa, ¿qué hora sería?

b) Y si fuera la 1:10 y se intercambiaran, ¿qué hora sería?

95. SISTEMA DECIMAL

Muéstranos qué número es el que se forma de la siguiente manera:

Tiene 3 veces el mismo número y éste multiplicado por 2 da 8; el número consta de 6 cifras, las unidades son la suma de todos los números del año en que empezó la Revolución Mexicana, que fue el año que se forma de sumar el doble de 5 a 1 900; las centenas son el número que se obtiene de dividir 15 entre 3 y en las unidades de millar está el 6.

¿+..*.../...?

96. ADIVINANZA

Me picas y me picas y yo te hago llorar. Encuentra el nombre y luego trata de explicar.

Halla la respuesta resolviendo el jeroglífico, de la misma forma en que lo has venido haciendo.

_____   _____   _____

97. DE BARCOS

Un barco llega al puerto de Veracruz a las 18:00 horas y se detiene en el muelle. El capitán, con mucho asombro y con ciertos cálculos, determina que la marea, que es el movimiento de las aguas debido a la fuerza de atracción de la Luna, provoca que el agua suba de nivel a razón de 10 cm por cada hora que transcurre. Si al colocar las escaleras del barco en el puerto quedan tres escalones sumergidos, y si éstos tienen una altura de 20 cm cada uno, ¿cuántos escalones más se sumergirán en 2 horas?

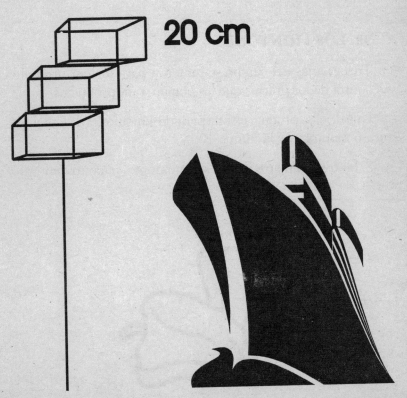

20 cm

98. DE GEOMETRÍA

Jugar con triángulos equiláteros siempre es muy interesante.

Fabrica cuando menos tres figuras diferentes con los triángulos que se muestran. Puedes calcarlos en una cartulina y hacer tantos como quieras.

99. LOS MONTONES

Tres granjas del campo se juntaron para formar un frente en contra de los precios que les ponían a sus productos.

Una de ellas produjo en este periodo 4 montones de jitomates, otra 6 montones y la última 10.

Si los tres granjeros juntan sus montones, ¿cuántos tendrán?

100. LAS RUEDAS

Las ruedas de las bicicletas son de diferentes tamaños y se clasifican como rodadas 12, 14, 16, etc. Entre más grande es el número, mayor es el tamaño de la rueda. Piensa bien y contesta:

¿Qué se gastará más rápido: una rueda rodada 14 o una rodada 16?

Toma en cuenta cuál de las ruedas gira más veces.

101. DE DISTANCIAS

Dos automóviles parten de la misma ciudad al mismo tiempo, uno viajando a 100 km por hora y el otro a 50 km por hora. Al transcurrir 2 horas de viaje, ¿qué distancia le lleva el carro que va más rápido al que va más despacio?

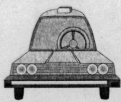

102. EL MICROBÚS

Un microbús, que tú conduces, parte de su base con 0 pasajeros. Fíjate bien qué pasa para que no lo vuelvas a leer. En la primera parada suben 9 personas, en la siguiente suben 4 y bajan 5, más adelante suben 6 y bajan 3 y, finalmente, subieron 7 y bajaron 6.

¿Cuál es el nombre del chofer?

¿Cuántas paradas hizo?

¿Con cuántos pasajeros llegó a la terminal?

103. EL MATUTINO

En la mañana, cuando me levanto con mucha flojera y sueño todavía, ya que soy todo un atleta, ¿cuántos plátanos me podré comer en ayunas? Peso 90 kg, mido 2 m y soy luchador profesional.

104. DE CUIDADOS

Tienes una mascota que por ser tan chiquita parece un ratón, pero cuando se trata de cuidar tu casa se comporta con la fiereza de un león.

Si buscas en un tucán al que se le da la dona de desayunar, la respuesta encontrarás.

También puedes resolver la adivinanza completando el jeroglífico.

105. PARA PENSAR

En la calle voy contigo. Tengo cuartos y no soy hotel, tengo medias y no soy mujer, y me necesitas para tu quehacer.

Resuelve el jeroglífico. Utiliza la primera sílaba del primer dibujo; al nombre del segundo, que es una sensación, quítale tres letras, y del tercero usa la primera letra.

_____   _____   _____

106. DE ÁNGULOS

¿Has escuchado de los pintores en granos de arroz?

Estas personas pintan en miniatura. Muchas veces es necesario emplear una lente de aumento para ver bien el dibujo. Imagínate que un pintor de éstos dibuja un ángulo de 45°. Al verlo a través del lente de aumento, ¿cuánto valdrá el ángulo?

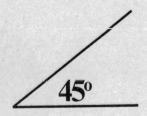

107. A TREPAR

Un gusano se cayó al fondo de un pozo seco, con 10 metros de profundidad. Al intentar salir, sube 3 metros en el día pero resbala 2 metros por las noches. ¿Cuántos días tardará en salir?

108. EN EL TREN

En un tren de pasajeros se encuentran de frente un señor fumando un puro y una señora con un perro bulldog que es campeón de carreras. Ella le dice al señor que le molesta el humo de su puro y él le contesta que no le gusta su perro. Después de discutir, deciden arrojar por las ventanas al perro y al puro al mismo tiempo.

¿Qué crees que encontraron al llegar a la estación?

Soluciones

1. LOS CARRITOS

El 50%.

2. MULTIPLICA POR 9

Para encontrar la respuesta, simplemente tienes que obtener con la suma que te dan un número de una cifra y ver cuánto te falta para llegar a 9.

Si el número es 365 248 X 9 = 3 287 232, y si tachan el número 7, la persona te dará 20 como su suma; de aquí 2 + 0 = 2, y al 2, para llegar al 9, le faltan 7, que es el número tachado. No falla.

3. LOS PASTELES

Si un pastel cuesta $100.00, 3 pasteles valen $300.00, y medio pastel $50.00, por lo que 3 pasteles y medio costarán $350.00.

4. MI ABUELITA DECÍA

El hombre.

5. ¿LOS TRAGONES?

Ya que las 10 están juntas, las mismas 10 se comerán un pastel el primer día, el segundo día dos, etcétera.

6. MI MAMÁ PREGUNTA

Si uno no es de $50.00, el otro sí; por lo tanto, es un billete de $50.00 y otro de $500.00.

7. EL VIAJE

Ya que la ida tarda 2 horas y el regreso 1 hora, la velocidad promedio será: 180 km/3 h = 60 km/h.

8. DE PALILLOS

9. LOS PARIENTES

Solución: Esto sucede porque el abuelo también es papá y el papá también es hijo.

10. LA HABITACIÓN

Solución: Si te fijas bien, el planteamiento es incorrecto o se aplica de una manera tramposa. Lo que se debe hacer es lo siguiente:

$30 - (5) = 30 - (3 + 2) = 30 - 3 - 2 = (30 - 3) - 2 = 27 - 2 = 25$, que fue lo que costó el cuarto. La trampa está en los dos pesos que se quedan con el botones, ya que éstos deben ser restados a los $27.00, puesto que eran de devolución.

11. EL DEPORTE

Solución: Ya que una de ellas puso $8.00, el total de los productos debe ser 8 x 3 = 24, que fue lo que se pagó en total; entonces cada kilo cuesta $3.00. Ya que Julia llevó 5 kilos de sandía, pagó $15.00; entonces Dulce debe darle a ella, de sus $8.00, $7.00 y $1.00 a Martina.

12. EL TREN

Solución: Tardará 2 horas exactamente: una hora para entrar completamente y otra para salir del todo.

13. UN CUADRO DE OPERACIONES

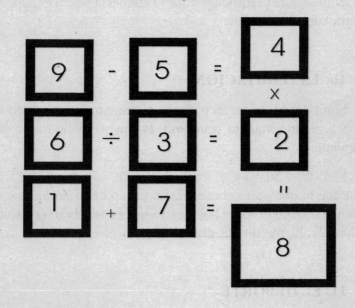

14. LAS PERAS

En la segunda ganó $10.00 más.

15. LAS COMPRAS

Ya que el 20% de $50.00 es su quinta parte, o sea, $10.00, deberá pagar:

$50.00 - $10.00 = $40.00.

16. LAS SUMAS

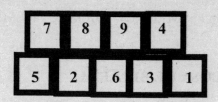

17. UNA PARA PONERSE A PENSAR

SIgnos, LLAno: SILLA

18. PIENSA EN ALGO QUE NO SE VE

Avión   Inicial   Reloj   Espejo   AIRE

19. ALGO OSCURO

SOMbrilla   BRAsil   SOMBRA

20. DE ANIMALES

LOcomotora   toRO   LORO

21. LOS RATONES

4 ratones.

22. GRANDES PELOS

REmo   MElena   DIOS   REMEDIOS

23. COSA DE BELLEZA

Foco   Elefante   Ave   FEA

24. EN EL BOSQUE

Cuando sale de su casa con $8.00 le quitan $2.00 y le quedan $6.00, pero del otro lado del puente le duplican esta cantidad, y entonces llega a la escuela con $12.00.

De regreso pasa con $12.00 y le quitan $2.00, quedándole $10.00, pero se los duplican y llega a su casa con $20.00

25. LA GELATINA

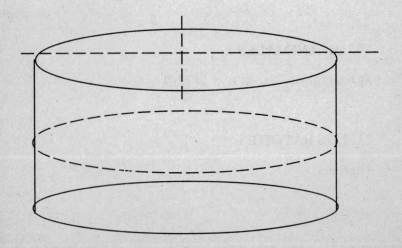

26. EL PARENTESCO

Luis es hijo de Juan.

27. LA REPARTICIÓN

Algo muy importante que debes notar es que la suma de las tres fracciones no da un entero, y como el común denominador de 2, 3 y 9 es 18, entonces, si sumamos:

$$1/2 + 1/3 + 1/9 = 9 + 6 + 2 = 17$$

Lo que les toca respectivamente es 9, 6 y 2 hectáreas.

28. LAS PASTILLAS DE MENTA

Le duraron 3 horas.

29. EL SEIS

10 veces.

30. LAS EDADES

$9 - 3 = 6$.

31. LA FIESTA

Son 6 futbolistas, 10 beisbolistas y 20 niños; en total: 36 personas.

32. EL COMPROMISO

Si es su viuda, él está muerto; por lo tanto, no es correcto que se case.

33. MUCHO CUIDADO CON LA RESPUESTA

Todos los meses del año tienen 28 días. Unos tienen 30 y otros tienen 31, pero los de 30 y 31 también tienen 28 días.

34. LAS MANZANAS

Si tomas dos tienes dos.

35. LAS VACAS

Quedan 15.

36. EN EL CORREO

Pues 12.

37. LOS NÚMEROS

Son el 1, el 2 y el 3, ya que $1 + 2 + 3 = 6$ y $1 \times 2 \times 3 = 6$.

38. QUÉ ES LO QUE AYUDA A QUITAR

GOta   MAceta   GOMA

39. NO TE ASUSTES

Carne Oro Carne Oro   COCO

40. MARGARITA

Son 21 cajas en total.

41. CUÁNTO DINERO

Tenía $900.00.

42. EL TIEMPO

Ya que el día tiene 24 horas, si el reloj se adelanta 12 minutos por día, en una hora se adelantará 12/24 = 1/2 minuto, y entonces será 1/4 de minuto en media hora.

43. UNO DE NÚMEROS

30 y 25.

44. DE PARIENTES

Son 15 en total.

45. DE DINERO

Tienen $2,500.00.

46. ALGO QUE PICA

Carro   HIlo   LEtras   CHILE

47. NO SEAS BURRO

CErebro   caBRA   CEBRA

48. MITADES

¿Cuánto es la mitad de dos más dos?

Solución: ½ (2 + 2) = 2.

¿Cuánto es la mitad de dos, más dos?

Solución: ½·2 + 2 = 3.

¿Cuánto es la mitad de una fracción, digamos de 1/3?

Solución : 1/3 ÷ 2 = 1/6.

¿Cuál es la mitad de uno? Solución: El ombligo.

49. TERRENOS

Los dos miden lo mismo, ya que un diámetro es igual a dos radios.

50. LOS PARES

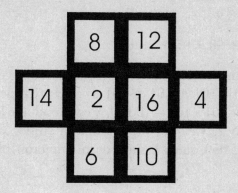

51. EL 25

Utilizando una suma y una multiplicación. Empleando una resta y una división.

$$(3 + 2) \times 5 = 25 \qquad\qquad 25 \div (7 - 2)$$

Usando una potencia y una división. Utilizando una multiplicación y una potencia.

$$(25 \div 5)^2 \qquad\qquad (5 \times 1)^2$$

Éstas son algunas de las formas; de hecho, hay muchas más.

52. EL RELOJ

1, 2, 3, 4, 5, 6, 7, 8, 9, 10, 11, 12.

Una posibilidad es que las sumas den 13 y entonces:

12 + 1 = 13	11 + 2 = 13	10 + 3 = 13
9 + 4 = 13	8 + 5 = 13	7 + 6 = 13

53. UN CIENTÍFICO

1+ 2 + 3 + 4 + ... +100

100 + 99 + 98 + 97 + ... + 1

Si se suman término a término tendremos una colección de sumas del 101: 101 + 101 + 101 + ... + 101 cien veces; si multiplicamos 101 x 100 = 10 100, y este resultado lo debemos dividir entre 2, ya que duplicamos la suma, y entonces 10 100 ÷ 2 = 5 050, que es la suma de los primeros 100 números.

54. CUADROS DE OPERACIONES

$$4 - 3 = 1$$
$$+$$
$$5 + 2 = 7$$
$$4 \times 2 = 8$$

55. OTRO CUADRO

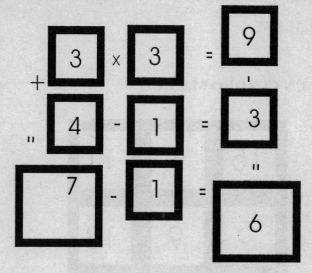

56. UN DICHO

COrazón   MEdiR = COMER

57. OTRO DE OPERACIONES

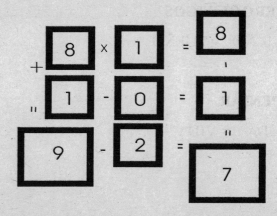

58. EL QUE QUEMA

PALABRAS

59. UN CUADRO MÁGICO

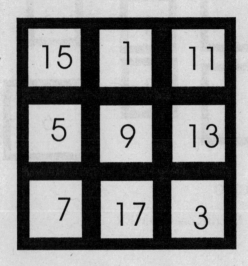

60. DE JEROGLÍFICOS

SUbir E baÑO = SUEÑO

61. DE PENSAR

VIsta espaDA = VIDA

62. DE NAIPES

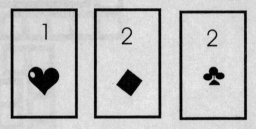

63. OTRO DE NAIPES

25%.

64. LAS PELOTAS

¿Cuál es la probabilidad de que sea roja? NO HAY RO-JAS.

¿Cuál es la probabilidad de que sea una pelota verde? 50%.

¿Cuál sería la probabilidad de que recoja una pelota azul? 25%.

65. DE TRIÁNGULOS

12.

66. LOS CUADROS

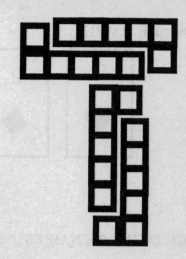

67. PUROS TRIÁNGULOS

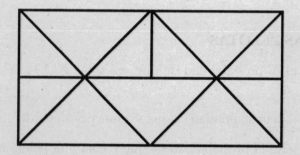

68. DE PERÍMETROS

69. EL TESORO

En el sitio C.

70. DE COMPRAS Y GANANCIAS

De $2,000.00.

71. ¿QUÉ SABES DE DIVISIBILIDAD?

2 310, que es el producto de todos ellos.

72. OBSERVA Y ENCUENTRA

a)La corbata es idéntica a la punta de uno de los edificios.

b) La punta de las tijeras es más corta en una que en otra.

73. PALABRAS

perro   ropero   reprobó   probadores   roedores

74. ERRORES

Sin ojo, boca, manguera rota, sin un zapato ni lentes.

75. EL CHARCO

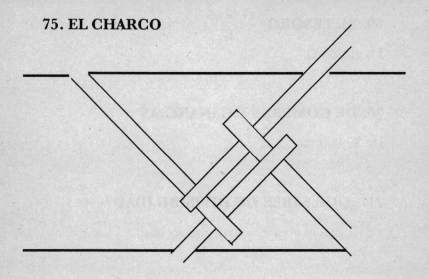

76. DIFERENCIAS

Las ventanas, las rayas horizontales del edificio, el terminado de la casa y uno de los cerros.

77. LOS PALÍNDROMOS O COPICÚAS

9 x 16 = 12 x 12 = 144, cuadrado perfecto.

78. SUMAS

1 + 1 + 1 + 1 + 2 + 6 = 12   1 x 1 x 1 x 1 x 2 x 6 = 12

¿Te sabes otra?

79. LAS SERIES

a) Encierra en un círculo la que no sigue.

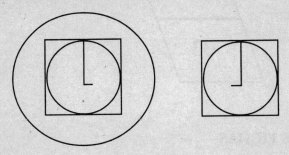

b) Encierra en un círculo la que sigue.

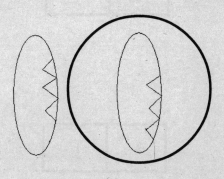

80. SERIES CON FICHAS DE DOMINÓ

a)

233	144

b)

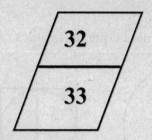

81. MÁS FICHAS

a)

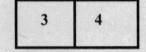

b)

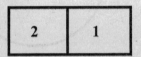

c)

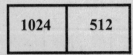

82. ENCUENTRA LOS ERRORES

El palo de golf es un bat, la pelota es un dado, el palo del hoyo es un alumbrado, el ojo es un triángulo, le falta un pie.

83. DIFERENCIAS

La base de la antorcha en un dibujo es redonda y en el otro es un cuadrado; en la camiseta hay un hoyo, el sombrero, el ojo y en la mano derecha hay un guante.

84. EN LA FIESTA

a) Tu tío.

b) Tu mamá.

c) Mi papá.

d) De mí no es pariente, ya que es pariente de mi amigo.

85. DE COCHES

Una persona (yo, que iba a veracruz)

86. DE TRENES

El otro piloto se llama como tú, pues tú lo conduces, y el humo, por el movimiento del tren, debe viajar hacia el Distrito Federal (el humo es el del puro).

87. DE MONSTRUOS

El animal verde comepiedras, gran nombre que le dieron los científicos. Y vieras el trabajo que les costó encontrarlo.

88. DE ENTRADA Y SALIDA

Seguro has salido cinco veces, porque todavía estás dentro de la tienda.

89. DE LA TIERRA

No atraviesa, porque se la come el animal verde comepiedras que vive en el centro de la Tierra.

90. DE LA BIOLOGÍA

A las 6:16, ya que al aumentar al doble cada minuto las bacterias, si se encuentran a la mitad del frasco a las 6:15, en el siguiente minuto se duplicarán y lo llenarán.

91. DE PALETONES

Fácil: el último paletón lo entrega con todo y charola.

92. JEROGLÍFICOS

SAndía   LUna   Dados   = SALUD

93. DE FUTBOL

4 Cartago y 2 Hortelanos.

94. LAS HORAS

a) 15:20

b) 2:05

95. SISTEMA DECIMAL

4 4 6 5 4 2

96. ADIVINANZA

CErebro BOte LLAnto   CEBOLLA

97. DE BARCOS

No se hunde ninguno porque el barco sube junto con la marea.

98. DE GEOMETRÍA

99. LOS MONTONES

Si ellos juntan sus montones sólo tendrán uno grandote.

100. LAS RUEDAS

Lógicamente, la rueda pequeña girará más veces en un mismo lapso; por lo tanto, se gastará más rápido.

101. DE DISTANCIAS

100 km.

102. EL MICROBÚS

El chofer se llama como tú, hizo 4 paradas y llegaron 12 personas a la terminal.

103. EL MATUTINO

Sólo un plátano se podrá comer en ayunas, porque después de ése ya no está en ayunas.

104. DE CUIDADOS

A CANsADO le quitamos la s y ponemos la D: CANDADO.

105. PARA PENSAR

REfresco caLOr Jirafa   RELOJ

106. DE ÁNGULOS

El ángulo sigue valiendo lo mismo, pues no cambia al aumentar la figura. Recuerda las escalas.

107. A TREPAR

En días enteros serían 8, puesto que al final ya no se resbala los 2 metros.

108. EN EL TREN

Ya que el perro no puede fumar el puro y es de carreras, lo único que pudieron encontrar al llegar a la estación fue el PURO PERRO.

NOTA FINAL

Se dice por ahí, y es muy cierto, que los acertijos no son propiedad de nadie, se arrojan al arroyo de la gente y ésta los manipula y los cambia.

Es importante aclarar que muchos de estos acertijos son adaptaciones de otros, pero también se escribieron muchos de ingenio personal para que los critiques.

Si tienes alguna sugerencia o un acertijo, comunícaselo a la editorial.

Agradezco a todas las personas que me hicieron el favor de criticar los acertijos conforme se fueron haciendo, para poder darles el toque final, y a *Editores Mexicanos Unidos,* por dejar que volcara toda la inquietud que siempre he tenido de escribir.

Bibliografía utilizada:

Acertijos enigmáticos. Selector.

Los mejores acertijos matemáticos 1. Fernández Editores.

Acertijos clásicos. Selector.

El libro maravilloso. JVR.

ÍNDICE

Soluciones

Colección Textos Complementarios

- MATEMÁTICAS PARA PRIMARIA DE 1ro A 6to GRADO.
  Javier Rosas Cabal

(MATEMÁTICAS COMPLEMENTARIAS CONFORME A LOS PROGRAMAS DE LA SECRETARIA DE EDUCACIÓN PÚBLICA)

- DICCIONARIO DE FÍSICA PARA SECUNDARIA
  Javier Rosas Cabal
- DICCIONARIO DE MATEMÁTICAS
  Javier Rosas Cabal

Colección Acertijos

- ACERTIJOS. DIVERTIDOS JUEGOS CON PALABRAS.
  NOVEDOSOS PASATIEMPOS PARA PENSAR
  Yavé Gutiérrez

ACERTIJOS MATEMÁTICOS
INGENIOSOS ROMPECABEZAS MATEMÁTICOS
Yavé Gutiérrez

- ACERTIJOS DIVERTIDOS
  JUEGOS DE DESTREZA MENTAL
  Yavé Gutiérrez

JUEGOS CON LAS PALABRAS: ACERTIJOS
ENTRETENIDÍSIMOS JUEGOS DE INTELIGENCIA
Blanca Olivas (compiladora)

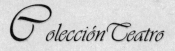 Colección Teatro

TEATRO ESCOLAR.- Guía práctica.
Tere Valenzuela

TÍTERES.- Como hacerlos, como hacer teatro con títeres.
Tere Valenzuela

COMEDIAS PARA JÓVENES
Alejandro Licona

Editores Impresores
Fernandez S.A. de C.V.
Retorno 7D Sur 20 # 23
Col. Agricola Oriental